楽しい調べ学習シリーズ

考えよう！子どもの貧困

なぜ生じる？ なくす方法は？

[監修] 中嶋哲彦

子ども食堂

PHP

なくそう！
ぼくたちの貧困、わたしたちの貧困

　「子どもの貧困」ということばは、2008（平成20）年ごろから知られるようになりました。このことばが登場したことで、経済的な理由で生活や学習にこまりごとをかかえている子どもを助けるしくみや取り組みが必要だと考える人や、そういった子どものために自分も何か役に立ちたいと考える人がふえてきました。

　でも、「子どもの貧困の解決は親の責任だ」とか、「努力しないから貧困になる」といった考えをもつ人も少なくありません。「日本は豊かな社会だから、貧困なんてありえない」という人もいます。

　「貧困」は、子どもから、日常生活や人生選択の自由をうばってしまいます。この本では、「子どもの貧困」とは何か、子どもがどういう状態に置かれていることをいうのかをできるだけていねいに説明しています。この本の説明を読みながら、どうして「子どもの貧困」が生じるのかを考えてみましょう。

　この本を手にとってくれたみなさんのまわりの人が、また、みなさん自身が、「子どもの貧困」とよばれる状態にあるかもしれませんね。そういうみなさんにこそ、この本を読んでほしいと思います。そして、どうすれば、わたしたちの社会から「子どもの貧困」をなくせるかを考えてほしいと思います。

名古屋大学大学院
教育発達科学研究科
中嶋哲彦

考えよう！ 子どもの貧困

もくじ

第1章　日本の社会と身近な貧困

第2章　なぜ貧困が生じるの？

第3章　なくそう！　子どもの貧困

この本の使い方

第1章

子どもが貧困におちいりやすい社会とは、どのようなものでしょうか。第1章では、日本の社会のしくみと子どもの貧困について解説しています。世界の国ぐにのようすともくらべながら、くわしく見ていきましょう。

第2章

この章では、貧困が生じる原因やきっかけについて解説しています。たとえば、働いているのに貧困の状態からぬけだせない人も大勢います。日本の雇用には、どのような問題があるのでしょうか。調べてみましょう。

第3章

この章では、経済的にこまっている家庭の子どもを支援するための制度や事業を紹介しています。貧困をなくすための方法について、みなさんもいっしょに考えましょう。

注意
- 本書では「子どもの貧困率」などの指標を用いて、貧困の状況を紹介しています。しかし、貧困は、指標だけではとらえきれません。
- 親戚や里親など、親以外のおとなに育てられている子どももいますが、この本で「親」というときはそういう場合もふくみます。

こうやって調べよう

もくじを使おう　知りたいことや興味があることを、もくじから探してみましょう。

さくいんを使おう　さくいんを見れば、知りたいことや調べたいことが何ページにのっているかがわかります。

おうちの方や先生方へ

　この本の大きな目的は、「子どもの貧困」とはどのような状態であるのかを知り、その原因や解決の道を考えられるようにすることにあります。

　日本では、貧困の原因は本人の怠慢や能力不足であり、「子どもの貧困」は親の責任だという考え方が、いまだに支配的です。

　人は、既存の知識や考え方では理解しがたい事象に出会うと、超常現象だと決めつけたり、手近な理屈でわかった気になったりします。「子どもの貧困」の原因は親の怠慢だとか、資本主義だから仕方がないといって、それ以上考えようとしないことも、それと似ています。これでは「子どもの貧困」問題は解決できません。

　また、日本は諸外国にくらべ、所得格差の拡大を是正する原理がはたらきにくく、経済的困窮が生みだす社会的不利を緩和する社会制度が脆弱です。このため、何らかの原因で所得が減少したり、家庭環境が急変したりすると、すぐに貧困におちいってしまう可能性が高いのです。

　日本の政府は、貧困の状態にある人びとに教育を受けさせ、就労を促して所得をふやすことで、子どもの貧困をへらそうとしています。こうした施策に、子どもの貧困をへらす効果があるのか、考えてみることも大切です。

　なお、さらに深く考えたい方には、松本伊智朗・湯澤直美・平湯真人・山野良一・中嶋哲彦編著『子どもの貧困ハンドブック』（かもがわ出版、2016 年）を参照することをおすすめします。

名古屋大学大学院
教育発達科学研究科
中嶋哲彦

日本の社会と身近な貧困

子どもの貧困と支援

 ## ふえてきた子どもへの支援

近年、経済的にこまっている家庭の子どもを支援する制度や事業が、新しく立ち上げられています。

たとえば、地域の子どもたちが安い料金や無料でごはんを食べられる「子ども食堂」や、子どもに安い料金や無料で勉強を教える無料塾など（→p.52）、子どもへの支援が、国や地方自治体、民間の団体のあいだで活発に進められているのです。

また、公立高校の授業料は2010（平成22）年から、3年間は実質的に無償※になり、私立高校の生徒への授業料補助もはじまりました。

近年、このような子どもに対する経済的支援がふえてきたのは、なぜでしょうか。

※低所得者を優先するためとして2014（平成26）年度から、高所得者は授業料不徴収の対象からはずされました。

身近な貧困

▼ 2012（平成24）年には、日本では100人の子どものうち、16人が貧困の状態にあったと考えられます。

 ## 貧困状態の子どもは300万人以上

政府の統計※によると、2012（平成24）年には、18歳未満の子どもの16.3％、つまり6人に1人が貧困の状態（→p.19）にありました。人数にすると、300万人以上に上ります。

子どもの貧困率は、1985（昭和60）年には10.9％でしたから、約30年で1.5倍にふえたことになります。2015（平成27）年には13.9％にへりましたが、まだまだ深刻な状態にあります。多くの子どもが貧困の状態でくらしているのです。

こんなにたくさんの子どもが貧困におちいっているのを、そのままにしておくことはできません。日本はいま、子どもの貧困対策に真剣に取り組まなくてはならないのです。

※厚生労働省「国民生活基礎調査」より。

健康

健康保険のしくみ

▼日本ではすべての国民が公的医療保険に加入し、一定額の健康保険料を支払うことで、病気やケガをしたときに治療費にこまらないよう、そなえています（国民皆保険制度）。ほとんどの医療機関は公的保険制度での診療を行っているため、保険証を見せれば、治療費全体の1〜3割を負担するだけですみます。

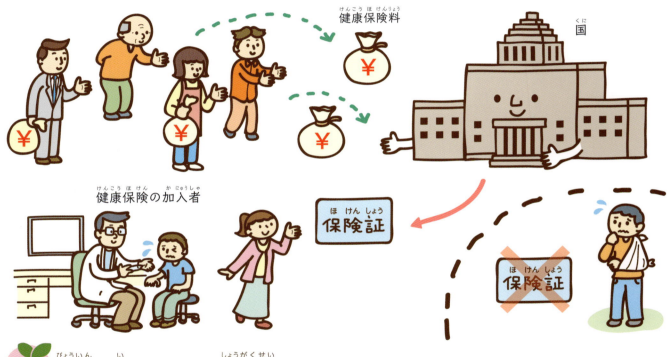

健康保険料

国

健康保険の加入者

保険証

保険証

病院に行けなかった小学生

病院での治療が必要なケガをしたのに、「ぼくの家にはお金のゆとりがなくて、病院に連れていってというと、お母さんがとても悲しむから……」という理由で、保健室の応急処置だけでケガを治してもらおうとした小学生がいました。この子の家庭は経済的に苦しくて健康保険料を払えないため、被保険者の資格を失っていました※。そのため、病院で治療を受けようとすると、ほかの人の3倍以上のお金を払わなければならないのです。

病気やケガで治療が必要なときでさえ、経済的に苦しい家庭の子どもは親を気づかって、がまんしてしまうことがあるのです。こんながまんを子どもにさせてはいけません。

※2008年には、この例のような中学生以下の子どもが3万3000人もいました。しかし、2009年4月以降は、保護者が保険料を滞納していても、中学生以下の子どもは、有効期間が6か月に限定された短期被保険者証を使えるようになりました（2010年7月以降は高校生世代以下に拡大）。

十分な栄養をとれない

食費を節約しなければならず、子どもに朝ごはんを食べさせられない家庭や、夜ごはんさえ少ししか食べさせてあげられない家庭があります。

そうしたことが続くと、子どもは必要な栄養をとることができません。そのため、成長がさまたげられたり、病気になったりする可能性が生じるのです。

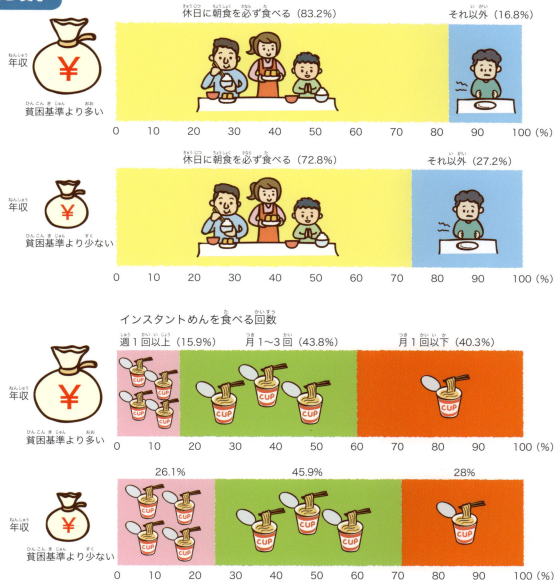

収入と食事

年収 貧困基準より多い
休日に朝食を必ず食べる（83.2%）　それ以外（16.8%）

年収 貧困基準より少ない
休日に朝食を必ず食べる（72.8%）　それ以外（27.2%）

インスタントめんを食べる回数

年収 貧困基準より多い
週1回以上（15.9%）　月1～3回（43.8%）　月1回以下（40.3%）

年収 貧困基準より少ない
26.1%　45.9%　28%

▲ 2012（平成24）年から2014（平成26）年までの期間、東日本4県6市町村にある小学校19校の5年生924人を調査したところ、年収の少ない世帯（相対的貧困の基準以下）は、それより多い世帯にくらべて、休日に朝食をとる頻度が低く、また、インスタントめんを食べる頻度が高い傾向にあるというデータが得られました。

出所：2015（平成27）年「食からみた子どもの貧困と対策」（新潟県立大学・村山伸子教授ら）

学校生活

学校生活と貧困

学校に通って勉強したり遊んだりするためには、ランドセルや文房具、絵の具、スケッチブック、そして、何かを買うためのおこづかいが必要です。

しかし、家庭がお金にこまっていると、ほかのみんなが持っているものを自分だけ買ってもらえないことや、スポーツや習いごとなど、ほかの人がしていることができないといったことがおこってしまいます。そういう状態にあることも「貧困」といいます。

学校生活に必要なものの例

▼ランドセルや運動着、絵の具などが必要です。また、部活動で使う道具を購入することになるかもしれません。

ランドセル

運動着

鍵盤ハーモニカ

上ばき

絵の具

かさ

制服

剣道の防具

かばん

グローブ

楽器

進学をあきらめる子どもたち

日本では、私立高校や大学、専門学校に進学するためには、入学金や授業料が必要です。教科書代や通学費もかかります。受験勉強のために、塾に通うための費用が必要になることもあります。

高校や大学、専門学校で勉強したくても、必要なお金を払えないために、進学をあきらめなければならない子どももいます。

また、高校に入学したけれど、途中でお金が足りなくなって、やめなくてはならない子どももいます。公立高校の授業料が無償化されてから、中退者はへりましたが、経済的な理由による中退者がいなくなったわけではありません。

家計を助けるため、または、大学や専門学校へ進学する費用を貯めるためにアルバイトが忙しく、部活動や勉強の時間がなくなってしまう生徒もいます。

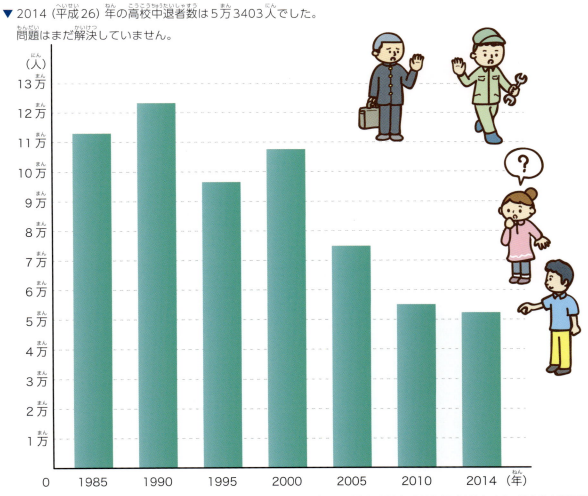

高校中退者数の移り変わり

▼ 2014（平成26）年の高校中退者数は5万3403人でした。問題はまだ解決していません。

（人）

出所：2015（平成27）年9月、文部科学省「児童生徒の問題行動等生徒指導上の諸問題に関する調査」。2004（平成16）年度までは公私立高等学校を調査。2005（平成17）年度からは国立高等学校、2013（平成25）年度からは高等学校通信制課程も調査

13

子育てに必要なお金

学習費の総額

48万1841円
公立の中学校

32万1708円
公立の小学校

22万2264円
公立の幼稚園

◀ 学習費とは、学校教育費（授業料、修学旅行・遠足費、学用品・実験実習教材費、通学用品費など）、学校給食費、学校外活動費（習いごと、補助学習費〈塾や家庭教師、図書費など〉）のこと。

幼稚園や保育園、小中学校の学習費

親は子どもを育てるために、毎日の食費や服代のほかにも、たくさんのお金を準備しなければなりません。

保育園や幼稚園は、親が働いているあいだ、子どもを預かるだけの場ではなく、同年齢の幼児同士がふれあいを通じて成長しあう場としてとても大切です。しかし、子どもを保育園や幼稚園に通わせるためには、保育料だけでもたくさんのお金がかかります。

小中学校は義務教育ですから、国公立ならば授業料は必要ありません。しかし、学校給食費、修学旅行・遠足費などは支払わなければなりません。子どもが部活動に参加すれば、もっとたくさんのお金が必要です。日本では、親がこれらのお金を支払わなければなりません。

そのため、経済的にこまっている親には、たいへん大きな負担がかかっています。

出所：厚生労働省「地域児童福祉事業等調査」2012（平成24）年、文部科学省「子供の学習費調査」2014（平成26）年度

学校教育費、学校給食費、学校外活動費はいくらかかるの？

公立小学校では、修学旅行・遠足費、学用品・実験実習教材費、通学用品費などの「学校教育費」が、年間で平均約6万円も必要です。また、それとは別に、年間で約4万円の「学校給食費」も払わなければなりません（2014〔平成26〕年）。

学校外の教育にもお金はかかります。多くの子どもは問題集や参考書を買ってもらったり、塾に通ったり家庭教師に教えてもらったりします。ピアノやスポーツなどの習いごとをする子どももいます。これらにかかるお金は「学校外活動費」といわれ、公立小学校に通う児童の場合で、年間で22万円弱かかっています。

学校生活に必要ないろいろなお金

修学旅行の積立金

学校給食費

通学費

部活動の費用

さまざまな体験をするためのお金

いろいろな体験

好きな本を買って勉強する

美術鑑賞

家族旅行

🌱 学校外の経験にもお金は必要

子どもにとっては、習いごとをしたり、音楽や芸術などにふれて文化的な経験をしたり、スポーツをしたり、好きな本を買って読んだり、地域の人たちとさまざまな活動をしたりすることも大切です。国連の「子どもの権利条約」(→p.47)では、これらは子どもの権利だと定めています。

おこづかいを計画的に使うことも、絵本を読んだり自分のおもちゃで遊んだりすることも、家族旅行で思い出をつくることも、子どもが心豊かに育っていくためには必要な体験です。

こういった体験はどれも、子どもの成長に必要なことですから、お金がある家庭だけのぜいたくではなく、すべての子どもに保障されなければなりません。

豊かな体験はお金しだい？

　しかし、実際には、子どもが体験できることは、親の所得（→p.26）によって変わってきます。日本には、そういったことに必要なお金を、国や地方自治体が支援してくれる制度がないからです。子どもを育てるのは親の責任であり、そのために必要なお金は親が負担すべきだ、と考えられているのです。

　日本には、経済的理由で義務教育を受けられない子どもを支援するしくみはありますが、たとえ子どもにとって必要なことでも、義務教育以外のことにまでは国や地方自治体の支援がおよんでいません。そのため、親の所得によって、子どもが経験できることに格差が生まれています。

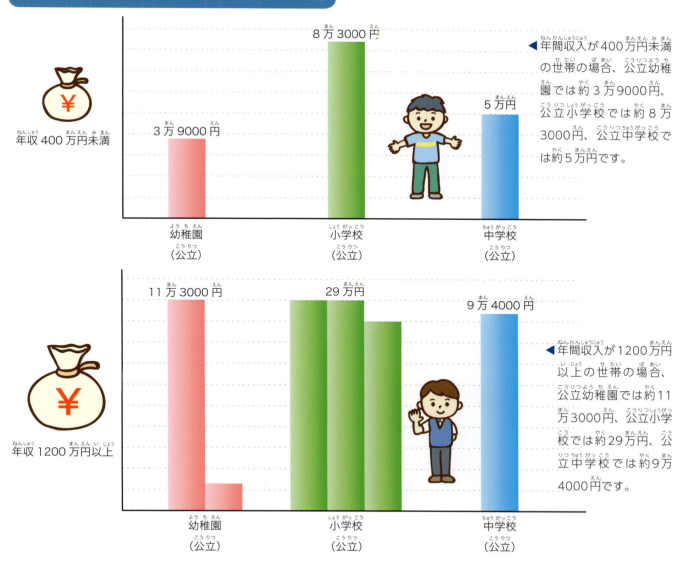

世帯の年収別に見た学校外活動費（平均値）

年収400万円未満

8万3000円

3万9000円　5万円

幼稚園（公立）　小学校（公立）　中学校（公立）

▶年間収入が400万円未満の世帯の場合、公立幼稚園では約3万9000円、公立小学校では約8万3000円、公立中学校では約5万円です。

年収1200万円以上

11万3000円　29万円　9万4000円

幼稚園（公立）　小学校（公立）　中学校（公立）

◀年間収入が1200万円以上の世帯の場合、公立幼稚園では約11万3000円、公立小学校では約29万円、公立中学校では約9万4000円です。

出所：文部科学省「子供の学習費調査」2014（平成26）年度

貧困とは、どのような状態？

発展途上国に多い「絶対的貧困」

　貧困ということばは、たいへん多様な意味で用いられています。

　みなさんが「貧困」と聞いて思いうかべるのは、食事がとれなかったり、住む場所がなかったりするといった、生きることさえむずかしい状況にあることでしょうか。これを「絶対的貧困」といいます。

　絶対的貧困は、富の生産がとぼしいことにより生じる貧困です。たとえば、社会全体が貧しいために、食事や栄養がとれなかったり、環境が不衛生であるために病気になってしまったり、餓死してしまったりする状態です。

　絶対的貧困は、アジアやアフリカなどの発展途上国に多く見られます。

絶対的貧困の子どもたち

◀アフリカのマラウイ共和国で、干ばつによる食糧不足の影響を受け、重度の急性栄養不良におちいった2歳の子どもです。

◀南スーダン共和国では、毎日の食べものにもこまる生活をしている人びとが600万人以上います。写真は栄養治療食をあたえられる子どものようすです。

▲学校から帰り、屋外で拾った机に向かって勉強する14歳の少女（バングラデシュ）。1日1.90ドル（約210円）未満でくらす絶対的貧困状態にある人のうち、子どもの割合は約50％に上ります。

日本では「相対的貧困」が問題

経済協力開発機構（OECD）は、その国に住んでいる人を収入の高い順にならべたとき、ちょうどまんなかにくる人の収入を基準にして、その半分より少ない収入しかない人を「相対的貧困」の状態にあると定義しています。相対的貧困の家庭でくらしている子どもは、「子どもの貧困」状態にあると考えられています。OECDは、この方法で、世界の国ぐにの「相対的貧困」の状態を調べています。

日本もOECDと同じ方法を用いており、2015（平成27）年の調査では、1人あたりの所得が122万円未満の家庭を相対的貧困の状態にあるとして、貧困率を計算しました。

日本では、この相対的貧困率の上昇※が問題になっています。相対的貧困率の上昇は、富がたくさん生産されていて、社会全体は豊かそうに見えるのに、その富がうまくいきわたらず、少数の豊かな人がいる一方で、多くの貧しい人びとが生みだされていることを示しています。

相対的貧困率の移り変わり

▼ 2015（平成27）年、日本では、18歳未満の子どものうち7人に1人（13.9%）が、相対的貧困の家庭でくらしています。

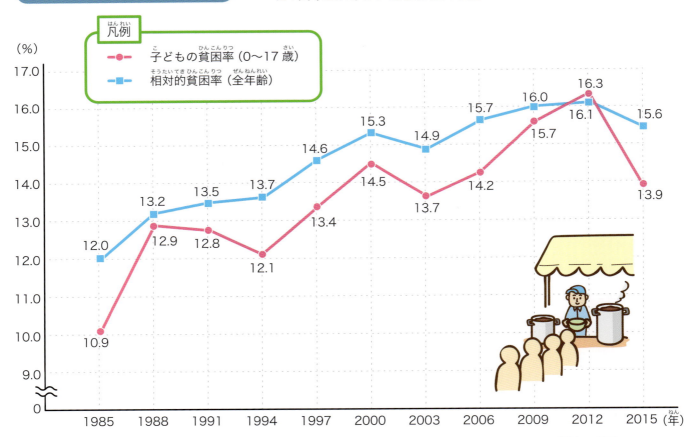

凡例
- 子どもの貧困率（0〜17歳）
- 相対的貧困率（全年齢）

子どもの貧困率（0〜17歳）: 1985年 10.9、1988年 12.9、1991年 12.8、1994年 12.1、1997年 13.4、2000年 14.5、2003年 13.7、2006年 14.2、2009年 15.7、2012年 16.3、2015年 13.9

相対的貧困率（全年齢）: 1985年 12.0、1988年 13.2、1991年 13.5、1994年 13.7、1997年 14.6、2000年 15.3、2003年 14.9、2006年 15.7、2009年 16.0、2012年 16.1、2015年 15.6

※2015年の調査では子どもの貧困率が2.4%減少しました。減少したのはよいことですが、その意味や原因について、くわしく研究する必要があるといわれています。

出所：厚生労働省「国民生活基礎調査」2016（平成28）年度

日本の相対的貧困率

世界のなかでも高い日本の相対的貧困率

日本の子どもの相対的貧困率は1990年代なかばごろから上昇し、2009（平成21）年には15.7％となりました。子どもがいる現役世帯の相対的貧困率は14.6％です。そのうち、おとなが1人の世帯（母子家庭・父子家庭）の相対的貧困率は50.8％です。おとなが2人以上いる世帯にくらべて非常に高い水準となっています。

OECD加盟国の多くで、相対的貧困がふえる傾向にあるため、OECDはそれらをへらすよう加盟国にはたらきかけています。

▼ OECDの2010年（平成22年）の統計（日本の数値は2009年）。アメリカや日本は、経済・産業が発展しているので、絶対的貧困は少ないのですが、このグラフに見るとおり、子どもの貧困率はとても高いことがわかります。日本が高いほうから何番めかを確かめてみましょう。

世界の子どもの貧困率

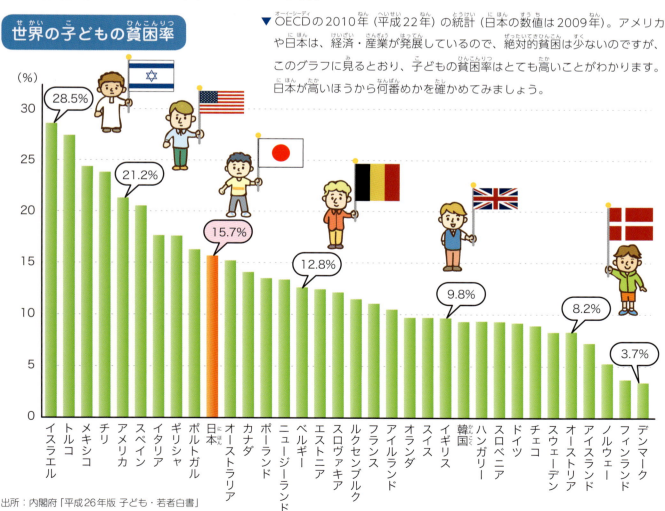

出所：内閣府「平成26年版 子ども・若者白書」

イギリスやフィンランドの相対的貧困率

かつては、貧困は発展途上国の問題で、先進国には関係ないと考えられていました。しかし、近年は、先進国に相対的貧困が広がっています。

世界には、日本と同じように相対的貧困率が高い国もあれば、低い国もあります。

イギリスは、かつては子どもの相対的貧困率が高かったのですが、1997（平成9）年から2010（平成22）年にかけ、大幅に低下しました。政府が子どものいる低所得世帯に現金を支給したり、親の就職を世話したり、さらに貧困状態にある子どもに学校で朝食を提供したりした結果、減少したのです。

フィンランドは、もともと子どもの相対的貧困率が低い国です。フィンランドには、だれもがお金を心配せずに、教育や医療を受けられるしくみがあります。また、失業した人も、つぎの仕事につくまでは生活にこまらないよう、国から援助が受けられます。

もともと相対的貧困率が低い国や、努力して子どもの貧困をへらした国は、日本と何がちがうのでしょう。

イギリスの子どもたち

▲イギリスでは、子どもたちは始業前の教室でパンケーキや果物を食べたり、牛乳を飲んだりすることができます。

フィンランドの保育園

◀▲フィンランドでは1973（昭和48）年に保育に関する法律ができ、すべての子どもたちに保育施設を用意することが自治体の義務になりました。

© Riitta Supperi, Keksi, Team Finland

21

少子化と貧困

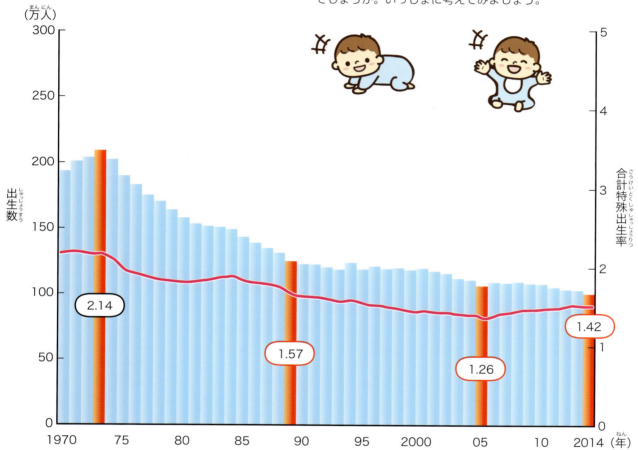

出生数と合計特殊出生率の変化

▼日本では1973（昭和48）年ごろから少子化が進み、問題になっています。子どもを安心して育てるためには、何が必要でしょうか。いっしょに考えてみましょう。

（万人）

出生数

合計特殊出生率

2.14

1.57

1.26

1.42

1970　75　80　85　90　95　2000　05　10　2014（年）

　日本では、2014（平成26）年に生まれた子どもの数は100万3539人でした。しかし、1973（昭和48）年には、1年間に約209万人も生まれていました。生まれる子どもの数が、だんだんと減少しているのです。これを「少子化」といいます。

　また、1人の女性が一生に産む子どもの平均数を「合計特殊出生率」といいます。この値も、1973（昭和48）年は約2.14でしたが、2014（平成26）年は1.42にまで低下しました。つまり、きょうだいのいない子どもがふえているのです。

　少子化が進む背景には、さまざまな要因があります。所得が少ないために、結婚しない人がふえたことや、結婚しても子どもを産むのをあきらめたり、子どもの数を制限したりする人がふえたこともえいきょうしています。

出所：厚生労働省「人口動態統計」

なぜ貧困が生じるの？

なぜ、子どもの貧困がふえるの？

親が低所得なら、子どもの貧困は仕方がない？

わたしたちの社会には、所得が多い人も、少ない人もいます。

みなさんは、つぎのふたつのことを当然だと思いますか？　それとも、どこかに疑問を感じますか？

A　所得が少ないと、貧困になる。

B　親が貧困だと、その子どもは貧しい生活をしなければならない。

所得の少ない人は、貧しい生活をしなければならないのでしょうか。所得が少なくても、貧困にならない手立てはないのでしょうか。

もし、あなたを産んでくれた親が貧困だったら、あなたは貧しい生活を送らなければいけないのでしょうか。だれだって、ほかの子どもたちと同じように生活したいと思っているはずですし、その権利はだれにでもあるのです。

24

だい しょう　ひんこん しょう

広がり続ける所得格差

▼わたしたちの社会には、所得の多い人もいますし、少ない人もいます。

日本は貧困になりやすい社会なの？

　いま、日本で、子どもの貧困がふえている直接の原因は、「所得格差が大きくなり、所得が非常に少ない親がふえていること」にあります。世界には日本と同じように、所得格差が広がっている国は少なくありません。しかし、どの国でも貧困や「子どもの貧困」がふえているわけではありません。親が低所得者でも、子どもが貧しい生活をしなくてよいように工夫している国もあるのです。

　残念ながら、日本はいま、貧困になりやすい社会になっています。その原因をいっしょに考えてみましょう。

低賃金・不安定雇用の増大

「所得」って何？

「所得」とは、会社で働いたり、農業などを行ったり、商店を経営したりして得た収入から、税金や社会保険料を差し引いた金額のことです。収入が多いほど、所得も多くなります。

所得は、どんな仕事についているかによってちがってきます。また、同じ仕事でも、働いている地域によってもちがってきます。

親の所得が少なかったり、不安定だったりすると、その家庭は貧困になってしまう可能性があります。

日本では、いま所得水準が全体として下がっているうえ、非正規雇用（→p.40）という働き方がふえているため、貧困におちいりやすい家庭や子どもが増加しています。

所得のしくみ

社会保険料

税金

所得

▲▶わたしたちは仕事をして収入を得ます。そこから税金や社会保険料を引いた所得（お金）を使い、生活に必要なものを購入します。おこづかいも所得から出ます。

「所得の差」と「所得格差」

どのような仕事をするかによって、所得には差が生まれます。このことは、多くの人が当然だと考え、「所得の差」を受け入れています。

しかし、所得の少ない人が毎日の生活にこまり、その人の子どもが貧困におちいってしまうほど所得の差が大きくなったとき、その状態を「所得格差」とよびます。

今日では、多くの人が、所得格差やそれが生みだす「子どもの貧困」を放置してはいけないと考えています。

所得の差

▲所得の多い人。　▲所得の少ない人。

 ## 所得格差が生みだす貧困

どうして、所得格差を放置してはいけないと考えるようになったのでしょう。

所得格差は、貧困の原因になります。所得格差が大きくなると、所得の少ない人や家庭は貧困におちいりやすくなります。

子どものいる家族が貧困になると、子どもの健康を保てなくなったり、心身の発達がさまたげられたりします。子どもが成長するためには、学校で勉強したり、病院で病気やケガの治療を受けたり、友だちと遊んだり、おとなといっしょに活動したりすることも必要ですが、貧困になると、そういったことができなくなってしまいます。

所得格差の例

▲所得の少ない親は、子どもの成長のために必要なお金を十分に出すことができません。

27

所得再分配制度の問題点

 ## 社会の富を分かちあう制度

所得格差をそのままにしておくと、所得の少ない人が貧困におちいってしまいます。

しかし、それぞれが働いて得た所得を上手に分けあえば、貧困に苦しむ人が生まれにくくなります。つまり、所得の多い人から少ない人へ所得を移転させるのです。世界中の国が、税金と社会保障を通じてこれを行っています。このしくみを「所得再分配制度」といいます。

たとえば、国民はみな所得に応じて所得税や住民税を納めています。所得の多い人ほど、これらの税金をたくさん納めます。このようにして集めた税金を使って、国や地方自治体は義務教育を無償で提供したり、所得の少ない人の生活を支えるためのサービスを実施したりしています。

所得格差を表す「ジニ係数」

▼ジニ係数は、人びとの所得の配分が、どのくらいかたよっているかを数値で表したものです。数値が1に近いほど、所得の分配がかたよっている、つまり、格差が大きい社会であることをしめします。アメリカはジニ係数が大きく、スウェーデンは日本より小さいです。

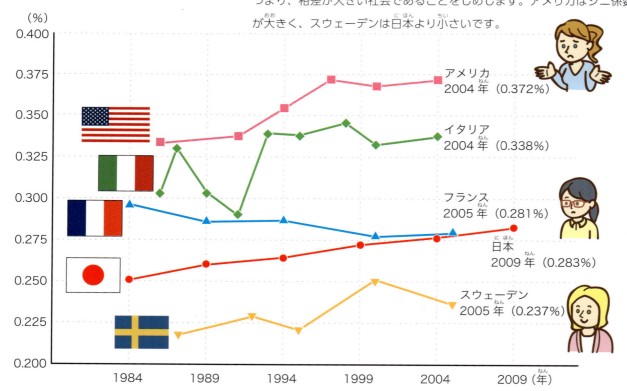

出所：総務省統計局「平成21年全国消費実態調査」

28

所得の再分配って？

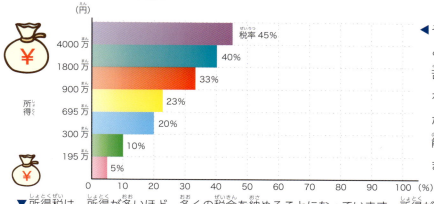

▶それぞれの人が働いて得た収入を、税金と社会保障を通じて分けあえば、貧困に苦しむ人が生まれにくくなります。これを「富（所得）の再分配」といいます。しかし、「富の再分配」のしくみがうまく機能しないと、貧困が生みだされてしまいます。

▼所得税は、所得が多いほど、多くの税金を納めることになっています。所得がとても少ないと、所得税を納めなくてよいこともあります。しかし、日本では、この30年ほどの間に、所得の多い人が納める所得税の税率が引き下げられました。そのため、所得の再分配の効果が小さくなっています。

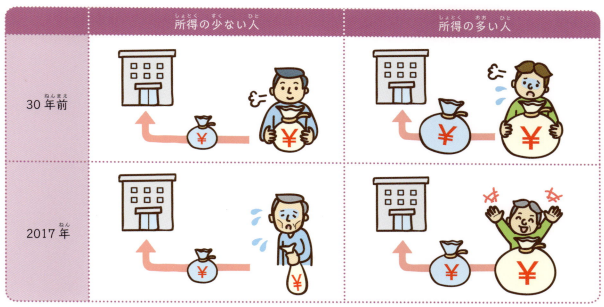

 ## 所得再分配制度の機能不全が貧困を生みだす

　所得再分配を効果的に機能させるためには、所得の多い人や企業に、より多くの税金を払ってもらう必要があります。しかし、日本では、所得の多い人の所得税や住民税の税率が以前より引き下げられたり、会社が払う法人税の税率が引き下げられたりしています。

　こうなると、所得再分配制度がうまく機能しなくなります。所得再分配制度がうまく機能しないと、所得の低い人は貧困におちいってしまいます。

　他方、社会保険料の減免制度はありますが、低所得の人のなかには社会保険料を払えないために、国民健康保険や国民年金の保険給付を受けられない人がいます。そういう人たちは、これらの制度を通じた所得再分配からはじき出されているのです。

社会保障制度の問題点

安心して生活するための制度

失業や病気、高齢のために経済的にこまっている人を、国や地方自治体の責任で援助するしくみのことを「社会保障制度」といいます。

社会保障制度は、①所得の少ない人を経済的に援助する公的扶助、②親のいない子どもやひとり親家庭、高齢者、障害者を援助する社会福祉、③感染症予防など国民全体の健康維持を目的とする公衆衛生、④病気や失業、老後にそなえる社会保険、で構成されています。このうち、社会保険はあらかじめ保険料を払うことが条件とされ、保険料を払っていない人は対象になりません。

社会保障制度の4つの柱

生活保護や児童扶養手当などの経済的援助。

支援や介助を必要とする人に社会的サービスを提供。

感染症や食中毒の予防、治療など。

健康保険、雇用保険（失業保険）、労働者災害補償保険、年金保険、介護保険など。

公的扶助　　社会福祉　　公衆衛生　　社会保険

▲社会保障制度とは、失業・病気・高齢のために経済的にこまっている人を、国や地方自治体の責任で援助するしくみです。

社会保障制度が機能していない？

社会保障制度が適切に機能すれば、たとえ親の所得が少なくても、子どもの貧困はこれほど多くはならないはずです。社会保障制度があるのに子どもの貧困がふえるのは、日本の社会保障制度に何か改善しなければならない点があることの証です。

たとえば、健康保険に加入している家庭は、被保険者の年齢などに応じて、医療費や薬代の1〜3割を自己負担するだけで、病気やケガの治療を受けられます。しかし、健康保険を利用するためには、毎月保険料を支払わなければなりません。保険料を払っていない人は、健康保険を利用できず、医療費や薬代は全部、自己負担しなければなりません。

しかし、経済的にこまっている家庭にとって、保険料を支払うのはかんたんなことではありません。このため、健康保険の被保険者の資格を失い、子どもが病気になったりケガをしたりしても、病院に連れていけないということがおこってしまうのです※。

健康保険制度の問題点

▼健康保険料を支払わなければ、医療費や薬代の全額を負担しなければなりません。日本には社会保障制度があるのに、子どもの貧困がふえています。社会保障制度が適切に機能していないことが考えられます。

※国民健康保険には、所得が一定額以下の場合、保険料が減額されたり免除されたりすることがあります。ただし、その基準は市町村によってことなります。

貧困は自分や親の責任なの？

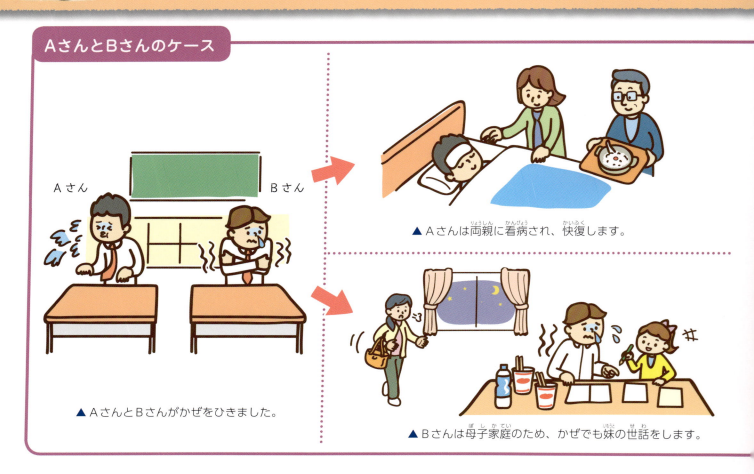

AさんとBさんのケース

▲ AさんとBさんがかぜをひきました。

▲ Aさんは両親に看病され、快復します。

▲ Bさんは母子家庭のため、かぜでも妹の世話をします。

 ## 子育ては親の責任？　貧困は本人の責任？

　親には、自分の子どもを育てる権利と子どもをしっかりと育てる責任があります。でも、経済的な理由で、親としての責任を果たしたり、権利を行使したりすることがむずかしい親もいます。貧困の親に育てられている子どもは、適切な栄養をとったり、将来のために十分に勉強したりできなくなるかもしれません。そうならないためには、貧困の親を経済的に支援する必要があります。

　ところが、日本には今、「子育ては親の責任だ。自分だけの力でその責任を果たさなければいけない」と考える人が少なくありません。また、「がんばって働けば、貧困にならないはず。貧困は本人の責任だ」と考えて、貧困状態にある人を助ける必要はないと主張する人もいます。

▲ 翌日、テストを受けますが、Bさんは体調が悪化してしまいました。

▲ Bさんの母親は、生活保護を受けようと考えます。

 ## 「助けて」といいにくい社会

「貧困は本人の責任だ」という考えから、「あの人は生活保護を受けているくせに、書店で本を買っていた」というように、社会保障制度を利用している人を批判する人もいます。また、「子育ては親の責任だ」という考えは、貧困状態にある親が社会保障制度を利用して子育てすることを思いとどまらせてしまうことがあります。

しかし、日本国憲法は、すべての国民に対して、健康で文化的な生活をする権利を保障しています。この権利を保障するのが社会保障制度です。「貧困は本人の責任だ」とか、「子育ては親の責任だ」といった考えは、日本国憲法とは正反対の考え方です。

病気やケガ

病気やケガで働けなくなると……

▼病気やケガがきっかけで失業したとき、一定期間、保険金（雇用保険）が支給されます。しかし、治療期間が長くなるとどうなるでしょうか。

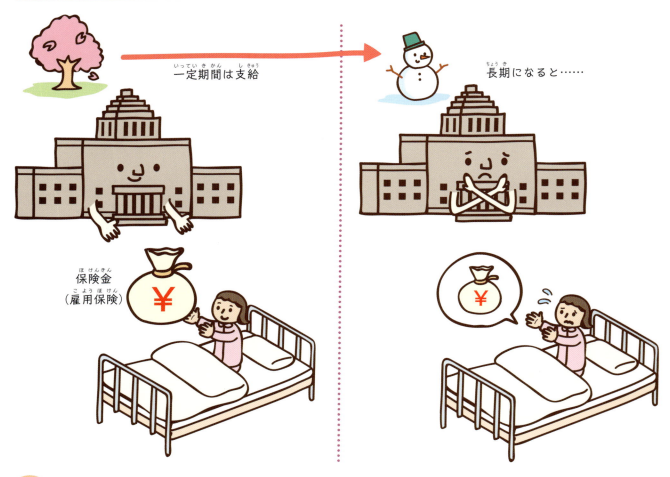

一定期間は支給

長期になると……

保険金（雇用保険）

親が病気やケガで働けなくなったとき

　正規雇用で働いている人でも、病気にかかったりケガをしたりして会社を長期間休むと、所得が大幅にへったり、会社をやめなければならなくなったりします。

　非正規雇用の人はもっとたいへんです。治療や休養のために休みをとると、休んだ分だけ給料がへらされてしまったり、正規雇用の人よりかんたんに会社をやめさせられたりすることがあります。

　元気に働いて家庭を支えていた人でも、病気やケガをきっかけに失業して、家族全員が貧困におちいってしまうことがあります。

CさんとDさんの例

Cさん
正規雇用

会社が決めた定年年齢（一般的には60歳ぐらい）まで働き続けることができ、毎月決まった金額の給与が支払われる約束で働いています。非正規雇用の労働者とくらべると、賃金が高く、安定した職場で働けます。

非正規雇用者は、長期間働き続けることがむずかしく、賃金水準も正規雇用労働者よりも低くおさえられています。また、社会保障を受けにくいしくみになっています。

Dさん
非正規雇用

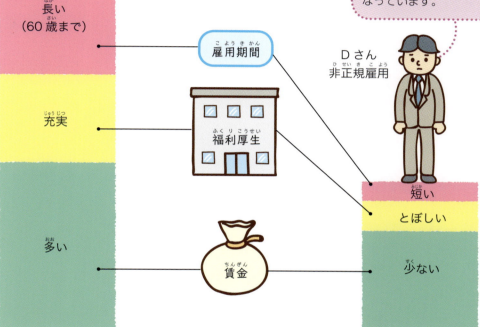

雇用期間
福利厚生
賃金

長い（60歳まで）
充実
多い

短い
とぼしい
少ない

健康保険や雇用保険では不十分

　病気やケガ、そして仕事を失ったときにそなえて、多くの人が健康保険や雇用保険（失業保険）に加入し、毎月保険料を払っています。しかし、治療期間が長くなると、医療費の自己負担分を払いきれなくなったり、つぎの仕事が見つかる前に雇用保険の支給期間が終わってしまったりすることがあります。

　そのため、健康保険のほかに、生命保険に加入していざというときにそなえている人も

います。しかし、生命保険の保険料はけっして安くはないので、その支払いのために生活が苦しくなる人もいます。また、低所得の人は生命保険に加入できず、自分だけではなく、子どもが病気にかかっても治療を受けさせるのが遅れてしまうことさえあります。

　病気やケガが貧困の原因となるだけでなく、貧困のために十分な治療を受けられないという事態がおこっています。

ひとり親世帯への支援不足

ひとり親世帯がくらしにくい社会

近年、「ひとり親世帯※」がふえ続けています。とくに、母子家庭は1988（昭和63）年から2012（平成24）年の25年間で約1.5倍になりました。ひとり親世帯になる原因は、死別、離婚、結婚しなかったことなど、さまざまです。

ひとり親世帯になったことを責める人もいます。しかし、それぞれに事情があって選んだ生き方ですから、第三者が批判することではありません。むしろ、ひとり親世帯の親と子どもが、生きにくさを感じる社会のしくみを改善し、必要な支援を充実させることが大切でしょう。

たとえば、子どもがいても安心して働けるよう保育園や幼稚園、学童保育を整備したり、親子がいっしょにすごす時間を確保できるようにしたりすることが必要です。

※ 母親と子どもだけの母子家庭や、父親と子どもだけの父子家庭。

ひとり親世帯の数の移り変わり

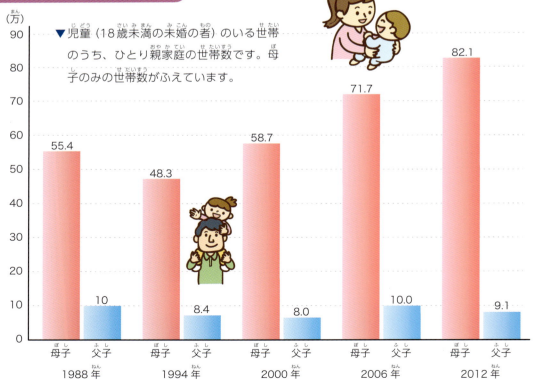

▼児童（18歳未満の未婚の者）のいる世帯のうち、ひとり親家庭の世帯数です。母子のみの世帯数がふえています。

（万）

	1988年	1994年	2000年	2006年	2012年
母子	55.4	48.3	58.7	71.7	82.1
父子	10	8.4	8.0	10.0	9.1

出所：厚生労働省「ひとり親家庭等の現状について」2015（平成27）年

働いていても相対的貧困率の高いひとり親世帯

厚生労働省の「国民生活基礎調査」（2009〔平成21〕年）によると、ひとり親家庭の50.8％、つまり、半分以上が相対的貧困の状態にありました。2011（平成23）年の調査では、母子家庭の平均年収は181万円しかありませんでした。多くの母子家庭が15万円以下のお金で1カ月間を生活しているのです。

日本で母子家庭が低所得になりやすい原因としては、①同じ仕事をしても女性には男性より低い賃金しか支払われない傾向にあること、②女性には男性よりも低い賃金水準の仕事が割り当てられる傾向にあること、③国や地方自治体による子育て支援が不十分なため、女性が正規雇用につきにくいこと、などがあげられます。

母子世帯の就労収入（年間）

- 100万円未満 28.6％
- 100〜200万円未満 35.4％
- 200〜300万円未満 20.5％
- 300〜400万円未満 8.7％
- 400万円以上 6.8％

月に約8万円以下

◀母子世帯のうち、年間就労収入が100万円未満の母親が約29％もいます。

男女で給与の差

男性　女性

女性は正社員になりにくい

男性　女性

出所：厚生労働省「2011（平成23）年度全国母子世帯等調査」

災害

▼東日本大震災による陸前高田市の被災状況（2011年3月12日に市役所の屋上から撮影）。

 ## 東日本大震災と子どもの貧困

2011（平成23）年3月11日におこった東日本大震災では、約1万6000人の方が亡くなり、2500人以上の方が行方不明になりました。津波や東京電力福島第一原子力発電所からもれだした放射性物質のために、町全体が住めなくなり、仕事も家も失ってしまった人もいます。

この震災で、親を両方とも亡くしてしまった子どもは240人以上、お父さんお母さんのうちどちらかが亡くなって、ひとり親家庭になってしまった子どもは1500人以上に上っています。

親が働いていた会社が被災して働けなくなったり、仕事がへったり、住んでいた家を失ったりして、貧困におちいってしまった家庭もあります。

東日本大震災ほど大規模ではなくても、台風や豪雪、地震、津波、火事、洪水など、さまざまな災害のために、とつぜん貧困におちいってしまう可能性はだれにでもあるのです。

震災と支援活動

▼特定非営利活動法人マザーリンク・ジャパンは、被災地の母子家庭や父子家庭、里親家庭への支援活動に取り組んでいます。写真は、被災した子どもたちが心のケアを行いながら学習できる施設のようすで、さまざまな支援物資（食料品）が届けられています。

◀東日本大震災後、仮設住宅でくらす母子。被災地では月収10万円以下の母子家庭が少なくありません。なかには、子どもが3人いて、震災後1日1食だけの生活が長期にわたり続いていたという母子家庭もありました。

 ## 震災と補償

　災害が原因で大きな損害があったとしても、国や地方自治体がその損害のすべてをうめあわせしてくれるわけではありません。たとえば、地方自治体は住宅を失った人のために一時的に住む場所を用意してくれることがありますが、新しい家を建てたり、マンションを借りたりするために必要なお金は、自分で準備しなければなりません。

　津波の被害や東京電力福島第一原子力発電所からもれた放射性物質により、もとの土地に住めなくなった家族は、新しい土地で生活すべてを一からやり直さなければなりません。

　そのために、希望していた高校や大学に進学できなくなったり、希望していた職業につけなくなったりした若者も少なくありません。災害によって経済的な負担だけではなく、精神的にもとても大きな負担を強いられているのです。

なぜ、所得の格差が広がるの？

不安定な雇用の拡大

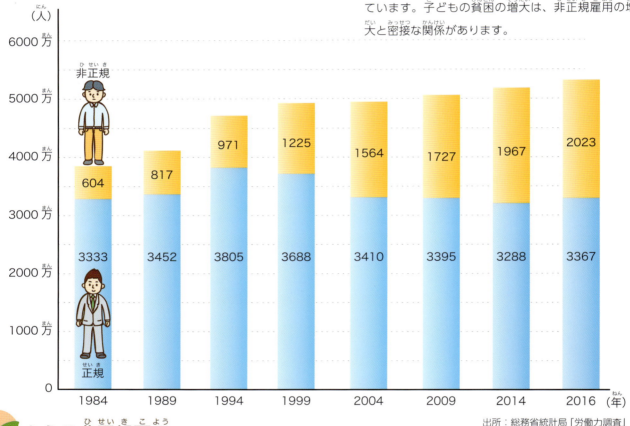

正規雇用者数、非正規雇用者数の移り変わり

▼ 2016（平成28）年の総務省の調べでは、会社などで雇用されて働く人の5人に2人が非正規雇用で働いています。子どもの貧困の増大は、非正規雇用の増大と密接な関係があります。

（人）

	1984	1989	1994	1999	2004	2009	2014	2016
非正規	604	817	971	1225	1564	1727	1967	2023
正規	3333	3452	3805	3688	3410	3395	3288	3367

出所：総務省統計局「労働力調査」

 ふえる非正規雇用

　所得格差が広がる原因のひとつは、非正規雇用がふえていることです。

　非正規雇用には、さまざまな形があります。アルバイトやパートタイムは、給料が時間単位で決められ、働いた時間分の給料しかもらえません。期限付き雇用といって、給料は月単位でもらえても、働く期間が月単位、年単位であらかじめ決められている場合もあります。非正規雇用で働く人の所得は、正規で働く人よりも少なく、解雇されやすくて身分が不安定なため、貧困になってしまう可能性が高いのです。

　しかも、国民年金、健康保険、雇用保険などでも、非正規雇用で働く人は不利なあつかいを受けていることがあります。

　非正規雇用は、工場やオフィスで働いている人だけではなく、役所の公務員、学校の先生、大学の研究者にも広がっています。

正規と非正規で賃金に差が出る

正規雇用と非正規雇用の賃金をくらべると、両者には大きな格差があり、非正規雇用では子どもの貧困がおこりやすいことがわかります。

下のグラフは、正規雇用と非正規雇用の賃金をくらべたものです。正規雇用の人は年齢とともに賃金がふえているのに、非正規雇用の人はずっと変わりません。そのため、年齢が上がるにつれて、賃金の差が大きくなっていきます。30代後半になると、賃金の差は約10万円に広がってしまいます。

子どもが生まれ、保育園・幼稚園や学校に通うようになるとお金が必要になります。子どもが大学で勉強するためには、もっと多くのお金がかかります。非正規雇用の人が自分の所得だけで子育てをすることはむずかしく、子どもの貧困を生みだしてしまう場合もあります。

賃金の差（月収）

▼ 25〜29歳の正規社員と非正規社員の月収をくらべると、正規は24万3100円であるのに対して、非正規は20万300円となっています。月収の差は、年齢が高くなるにつれて大きくなる傾向があります。

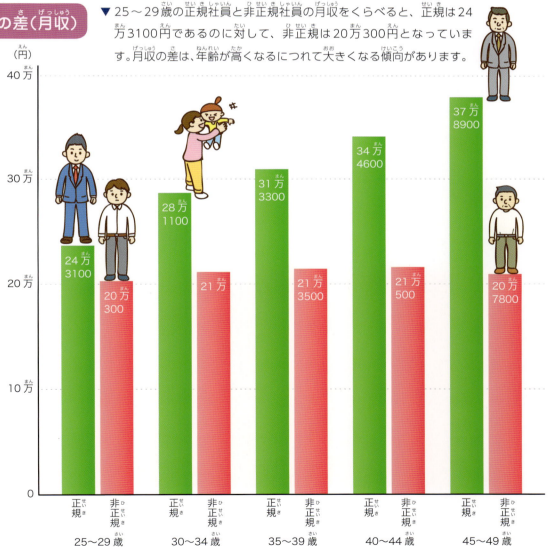

出所：厚生労働省「2016（平成28）年賃金構造基本統計調査」

ワーキング・プアって何？

なぜ、働いているのに貧困が生じるの？

「子どもの貧困は親が働かないせいだ」という人がいますが、ほとんどの親や保護者は子どものために一生懸命働いています。また、「親が働けば、子どもの貧困は解決する」という人がいますが、これはワーキング・プアの存在を見落とした意見です。

ワーキング・プアとは、職業について働いているのに、生活するために必要なだけの所得が得られず、貧困におちいっている状態や、そうなっている人のことを表すことばです。

日本は外国にくらべて、完全失業率がとても低い国です。完全失業とは、仕事を選り好みしないとしても、収入を得るための職業にまったくつけない状態です。つまり、日本は海外にくらべて、完全失業になっている人は少なく、ほとんどの人が何かの職業について働いているのです。

しかし、その仕事から得られる所得が少ないために、ワーキング・プアになっているのです。

共働きで貧困の家庭の例

父親

母親

▶父親の収入の不足をおぎなうために、母親が子育てをしながら非正規雇用で働く場合があります。

▶しかし、非正規雇用の賃金が少ないので、両親そろって一生懸命働いても、貧困からぬけだせない家庭が少なくありません。

なぜ、ワーキング・プアがふえるの？

ワーキング・プアがふえる背景には、賃金水準が全体として低下していることや、非正規雇用の人がふえていることがあげられます。会社は人件費をおさえるため、賃金が安く、解雇しやすい非正規雇用をふやす場合があります。

そのため、正規雇用と非正規雇用の賃金を同じにして、賃金の差をなくすべきだという意見もあります。それはいい考えですが、実際には、正規雇用の賃金を非正規雇用なみに下げる会社が出てくるかもしれません。

そんな仕事なんかやめてしまえばいいと思うかもしれませんが、日本は雇用保険（失業保険）をもらえる期間が短く、金額も少ないため、賃金が少ない仕事でも働かざるをえないのです。

そして、このことがまた、賃金の水準が下がり続ける原因になっているのです。

世界各国の完全失業率

▼日本は、アメリカやフランス、イタリアとくらべて、完全失業率は低いのですが、その仕事から得られる所得は少ない傾向にあります。

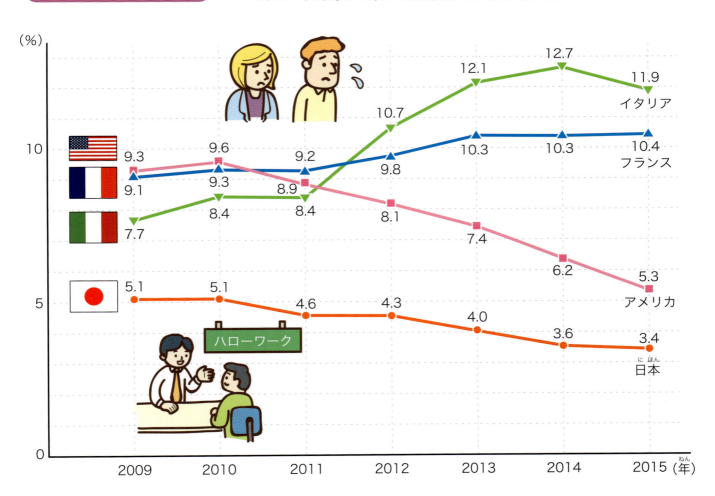

出所：独立行政法人労働政策研究・研修機構「データブック国際労働比較」

貧困の連鎖

貧困状態にある家庭で育った子どもは、おとなになっても貧困からぬけだすことがむずかしく、貧困を受け継いでしまうことが少なくありません。この社会現象を「貧困の連鎖」といいます。

貧困のために十分な教育を受けられなければ、貧困からぬけだすことは容易ではありません。貧困が原因で、志望する進学先に進めなかったり、資格をとるなどの将来のための勉強が満足にできなかったりすることも多いのです。

貧困は、将来に夢や希望をもつことや、何かに一生懸命に取り組むことの大切さを感じることさえ、むずかしくしてしまいます。

高校卒業後の予定進路（両親年収別）

▼両親の年収のちがいにより、高校卒業後の進路が変わってきます。

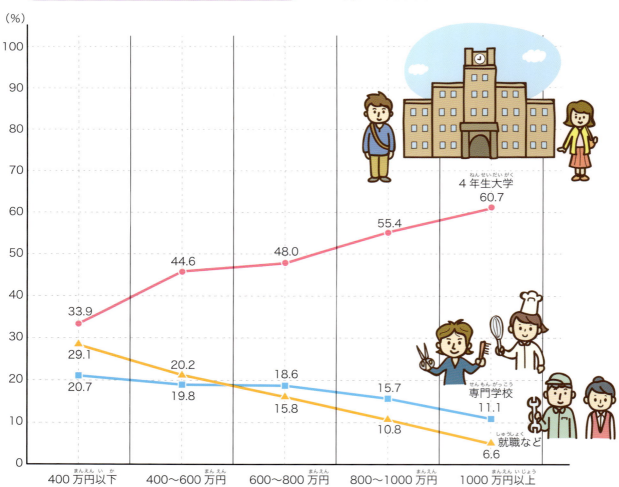

出所：東京大学大学院教育学研究科 大学経営・政策研究センター「高校生の進路追跡調査第１次報告書」2007（平成19）年９月。

無回答をのぞく。「就職など」には就職進学、アルバイト、海外の大学・学校、家業手伝い、家事手伝い・主婦、そのほかをふくむ。

なくそう！
子どもの貧困
こ　　　　　　　　ひんこん

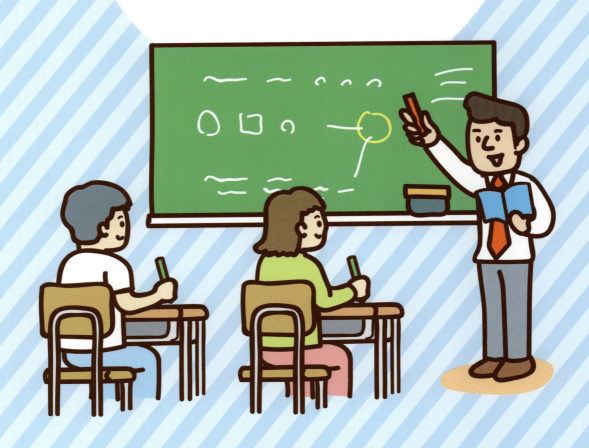

政府の取り組み

「子どもの貧困対策推進法」の４つの柱

教育の支援

生活の支援

保護者に対する就労支援

経済的支援

🌸 子どもの貧困に関する法律

　国会は、2013（平成25）年６月、子どもの貧困対策を進めるために、「子どもの貧困対策の推進に関する法律（以下、子どもの貧困対策推進法）」（→p.57）を制定しました。この法律では、国や地方自治体に対して、「教育の支援」「生活の支援」「保護者に対する就労支援」「経済的支援」の４つを柱にして、「子どもの将来がその生まれ育った環境によって左右されることのない社会を実現する」ために必要な支援を実施するように義務づけています。

　2014（平成26）年８月、政府はこの法律に基づいて、子どもの貧困対策に関する政策を「子供の貧困対策に関する大綱」（→p.60）として公表しました。このなかには、ボランティアによる学習支援の充実や、学校にスクール・ソーシャルワーカー（→p.51）を配置するなど、学校が中心になって子どもの貧困対策を進めると書かれています。

　また、親が仕事につけるように支援するしくみなども書かれています。

社会保障制度と「子どもの権利条約」

　国が「教育の支援」「生活の支援」「保護者に対する就労支援」「経済的支援」を貧困対策の柱と定めたことに対して、さまざまな意見が出されています。

　そのなかのひとつは、日本には、国民が貧困にならないようにするしくみとして社会保障制度があるのだから、この制度を充実させるべきだという意見です。社会保障制度があるのに子どもの貧困がふえているのは、社会保障制度が適切に機能していないためだと考えられます。

　また、もっと広い視野で子どもの幸福を考えるべきだという意見もあります。国連の「子どもの権利条約」は、子どもが学校で勉強したり、親や友だちと遊んだり、休息をとったり、さまざまな文化活動に参加したりすることは、子どもの権利としてすべての子どもに保障しなければならないと定めています。

「子どもの権利条約」が定めた子どもの権利

生きる権利

育つ権利

守られる権利

参加する権利

学校教育とお金

就学援助を利用した小中学生の数（要保護・準要保護児童生徒数）

40人のうち約2.4人

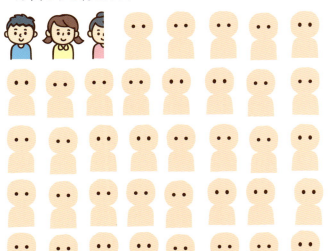

1995（平成7）年度

40人のうち約6人

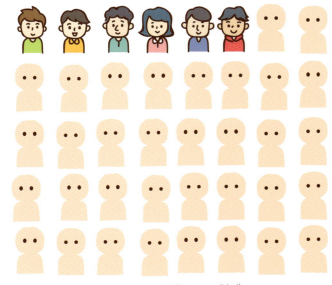

2014（平成26）年度

出所：文部科学省「平成26年度就学援助実施状況等調査」。要保護児童生徒：生活保護法に規定する要保護者の子ども。準要保護児童生徒：要保護者に準ずるものとして、市区町村教育委員会がそれぞれの基準に基づき認定した者の子ども。

教育扶助と就学援助

日本では、国公立の小中学校や特別支援学校などでは、授業料がかかりません。また、授業で使う教科書は、国公立だけではなく私立の学校でも無償です。

しかし、遠足、修学旅行の費用や学級・児童会・生徒会費、PTA会費は「学校納付金」といって、子どもの保護者が支払わなければなりません。これに学用品・実験実習教材費や通学用品費、そして学校給食費を加えると、公立の小学校で年間10万円以上にもなります。所得が少ないために、そのお金を支払うのがむずかしい家庭も少なくありません。

小中学校などで義務教育を受けるために必要な費用を援助するしくみとしては、生活保護制度（教育扶助）や就学援助制度があります。相対的貧困率が上昇し、子どもの貧困がふえているため、この制度の利用を希望する人もふえています。しかし、政府は2013（平成25）年に、これらの制度を利用するための条件をきびしくしました。

授業料で苦しまないために

国連の「国際人権規約」や「子どもの権利条約」には、高校や大学の授業料をなくすべきだと定めています。そうすることで、経済的理由で進学をあきらめる人をへらせます。

日本では、2010（平成22）年に、公立高校の授業料を徴収しないことや、私立高校生の授業料を補助することを内容とする法律がつくられました。

しかし、高校生に対するお金の援助は不十分です。家計を助けたり進学費用を貯めたりするために、アルバイトをしなければならない生徒は少なくありません。

また、大学に行くためには高い授業料を払わなければなりません。大学の授業料も無料にすべきだという意見がありますが、すぐには実現しないでしょう。

奨学金を利用して大学で学ぶ人もいますが、卒業後、奨学金の返済で苦しんでいる人は少なくありません。そのため、日本では2018年から、経済的にこまっている家庭の子どもを対象に、返済しなくていい奨学金制度（給付型奨学金制度）がスタートします。

奨学金制度のしくみ

▲奨学金制度とは、経済的理由から進学がむずかしい学生のために、国や民間の組織が学費の一部を負担したり、学費を貸し出す制度です。国の組織としては「日本学生支援機構」（JASSO）があります。

子どもを見守る目、見守る心

貧困を発見する

日本では、収入が少なくてこまっている人でも、本人が役所や学校で手続きをしなければ、生活保護や就学援助を受けることができません。そこで、お金のことでこまっている人を積極的に助けるしくみを整えることが必要です。

子どもの貧困をなくすためには、子どもに関係する仕事や活動をしている人が、経済的にこまっている子どもや家庭に積極的に手を

さしのべることが大切です。小中学校の担任の先生や保健室の先生、そしてスクール・カウンセラーやスクール・ソーシャルワーカーには、子どもの貧困を発見し、支援に結びつける役割が期待されています。

ただ、学校に通うことさえむずかしい子どももいますから、子どもの貧困を学校だけで解決することはできません。

スクール・カウンセラーってどんな人？

話を聞かせてくれる？

▲スクール・カウンセラーは、子どもの心理についての専門家です。悩みのある児童や生徒と接して、カウンセリングなどを行っています。

50

スクール・ソーシャルワーカーの配置

ソーシャルワーカーは、生活にこまっている人や、不安をかかえている人などに対して、信頼関係をきずきながら、その問題解決を援助する福祉の専門家です。スクール・ソーシャルワーカーは、家庭や学校においてさまざまなこまりごとや不安、問題をかかえている子どもを援助します。

スクール・ソーシャルワーカーがいる学校は、2009（平成21）年には552校だけでしたが、2015（平成27）年には2247校にふえました。しかし、それはまだ全国の学校の6％にすぎません。

スクール・ソーシャルワーカーの役割と連携

小学校
児童相談所
スクール・ソーシャルワーカー
医療機関
家庭

▲スクール・ソーシャルワーカーには、子どもやその家庭の立場に立って、児童相談所や福祉事務所、保健・医療機関などと連携して子どもを助けることが期待されています。そのため、スクール・ソーシャルワーカーには、社会福祉に関する専門的な知識と、子どもを助けるためのネットワークが必要です。

みんなが自分にできることから

子ども食堂や無料塾

日本では、2008（平成20）年ごろから、多くの人びとが「子どもの貧困」に気づき、国や地方自治体に対策を求めるだけではなく、自分自身で子どもを助けたいと考え、立ち上がる人がふえてきました。

そのひとつに、学習支援活動があります。これは、学習塾に通えない子どもや、親が勉強を手助けできない子どものために、無料または安い費用で、地域のおとなや大学生が勉強の手助けをする活動です。「無料塾」とよばれることもあります。

「子ども食堂」とよばれるボランティア活動もあります。これは、子どもや親に、栄養バランスのとれたあたたかい食事を、無料または安い値段で提供する活動です。

経済的にこまっている人びとは、社会からしめだされがちです。これだけでは子どもの貧困はなくなりませんが、そういった子どもたちに「あなたも社会の大切な一員です」というメッセージを送っているのです。

地域による支援活動

子ども食堂

無料塾

子ども食堂の例

▲「みんなの食堂」（東京都中野区）には、子どもたちが地域とつながる場として、毎回、50〜60人の親子が集まります。

無料塾の例

▲「中野よもぎ塾」（東京都中野区）では、経済的な事情で塾や家庭教師、通信教育などの有料の教育サービスを受けていない中学1年生から3年生を対象に、おとなたちが無償で勉強を教えています。また、子どもたちが交流できる場所としての役割もになっています。

🌸 地方自治体の取り組み

　子どもの貧困には地域差があり、たいへん深刻な問題に直面している地方自治体もあります。そういう地方自治体の多くは、国が学習支援事業のために実施している補助金を利用して、社会福祉法人、NPO法人、地域住民や大学生のグループなどによる学習支援を実施しています。また、これからはじめようとしている地方自治体もあります。

　しかし、学習支援を行ってくれる法人やグループがなかったり、子どもが学習支援の会場に通う交通手段がなかったりするなど、さまざまな困難に直面しています。また、国の補助金が少なく、学習支援の運営費の確保にこまっている地方自治体もあります。

　ほかにも、子どもの貧困問題を解決するため、新しいアイデアや工夫を取り入れようと努力している地方自治体が少なくありません。

　子どもの貧困を解決するための取り組みは、まだはじまったばかりですから、地方自治体と住民が知恵を出しあい、また、海外の取り組みからも学びながら、有効な環境をつくりあげることが大切です。

子どもの幸福を考える

子どもの幸福って？

世界では、21世紀をむかえるころから、ユニセフ（国連児童基金）やOECDが「子どもの幸福」の実現にたいへん注目しています。

たとえば、ユニセフのイノチェンティ研究所は、毎年のように先進国における子どもの幸福に関する報告書をつくっています。

日本以外の先進国でも、働いているおとなの所得格差が広がり、子どもの貧困が深刻な社会問題になっているのです。

「子どもの幸福」というとき、お金の「ある、なし」だけではなく、つぎの5つの分野にも注意を払うべきだと考えられています。

関連する5つの分野

1 所得格差の程度。子どもの生活に必要な物が家庭にあるか（物質的豊かさ）

2 子どもの生命や健康が守られているか（健康と安全）

3 学校に通っている子どもの割合や、国際的学力テストの点数（教育）

4 子どもの肥満、飲酒、いじめの状況（日常生活上のリスク）

5 住宅環境や社会環境の状態（住居と環境）

1 物質的豊かさ

出所：ユニセフ イノチェンティ研究所・阿部彩・竹沢純子（2013〔平成25〕年）『イノチェンティレポートカード 11 先進国における子どもの幸福度—日本との比較 特別編集版』、公益財団法人 日本ユニセフ協会（東京）

貧困はお金だけの問題ではない

お金がたりないことが原因となり、子どもの生活や人生に何がおこっているか、貧困の状態にある子どもが何にこまっているかを具体的にとらえなければ、子どもにとって本当に必要な支援はできません。

学校で勉強すること、適切な医療が受けられること、そして、栄養の整った食事をとること。これらはすべて子どもの権利です。国や地方自治体には、これらの権利をすべての子どもに保障する義務があります。

子どもたちの状況をより正確にとらえ、だれもが充実した生活を送れるように、少しでも貧困をへらし、最終的に根絶することがこれからの課題です。

▼日本の子どもの幸福度は、総合ではオランダ、フィンランド、アイスランド、ノルウェー、スウェーデンについで、31カ国のうち6位でした。①〜⑤のうち、③と④が1位だったことが大きな要因です。しかし、①の「物質的豊かさ」は21位でした。この①がほかの先進国とくらべて低くなっている状態を放置しておくと、将来的には③や④の順位が下がる可能性があります。

❷ 健康と安全

❸ 教育

❹ 日常生活上のリスク

❺ 住居と環境

人間の生存に必要な学習権

　UNESCO（国際連合教育科学文化機関）では、「学習権」を人間の生存にとって不可欠なものとして、1985（昭和60）年の「学習権宣言」で、学習の意味をつぎのように表現しています。

「学習権とは、

読み書きの権利であり、

問い続け、深く考える権利であり、

想像し、創造する権利であり、

自分自身の世界を読みとり、歴史をつづる権利であり、

あらゆる教育の手だてを得る権利であり、

個人的・集団的力量を発達させる権利である」

　貧困は、子どもから学習の機会さえうばってしまいます。しかし、貧困に苦しんでいる子どもこそ、貧困を乗り越えるため、貧困とは何か、なぜ貧困が生じるのか、どうしたら貧困をなくせるかを学び考えることが、権利として保障されなければなりません。

「世界寺子屋運動」

▲公益社団法人日本ユネスコ協会連盟は、UNESCO憲章の理念にもとづき、平和な社会をめざし、途上国への教育支援などを展開している民間団体※です。同連盟は世界の各地に学びの場（寺子屋）をつくり、教育の機会を提供する活動「世界寺子屋運動」を行っています。写真はネパールの寺子屋で学ぶ少女たち。

※UNESCOの下部組織ではありません。

子どもの貧困対策の推進に関する法律

（平成 25 年 6 月 26 日　法律第 64 号）

第1章　総則

（目的）

第1条　この法律は、子どもの将来がその生まれ育った環境によって左右されることのないよう、貧困の状況にある子どもが健やかに育成される環境を整備するとともに、教育の機会均等を図るため、子どもの貧困対策に関し、基本理念を定め、国等の責務を明らかにし、及び子どもの貧困対策の基本となる事項を定めることにより、子どもの貧困対策を総合的に推進することを目的とする。

（基本理念）

第2条　子どもの貧困対策は、子ども等に対する教育の支援、生活の支援、就労の支援、経済的支援等の施策を、子どもの将来がその生まれ育った環境によって左右されることのない社会を実現することを旨として講ずることにより、推進されなければならない。

2　子どもの貧困対策は、国及び地方公共団体の関係機関相互の密接な連携の下に、関連分野における総合的な取組として行われなければならない。

（国の責務）

第3条　国は、前条の基本理念（次条において「基本理念」という。）にのっとり、子どもの貧困対策を総合的に策定し、及び実施する責務を有する。

（地方公共団体の責務）

第4条　地方公共団体は、基本理念にのっとり、子どもの貧困対策に関し、国と協力しつつ、当該地域の状況に応じた施策を策定し、及び実施する責務を有する。

（国民の責務）

第5条　国民は、国又は地方公共団体が実施する子どもの貧困対策に協力するよう努めなければならない。

（法制上の措置等）

第6条　政府は、この法律の目的を達成するため、必要な法制上又は財政上の措置その他の措置を講じなければならない。

（子どもの貧困の状況及び子どもの貧困対策の実施の状況の公表）

第7条　政府は、毎年1回、子どもの貧困の状況及び子どもの貧困対策の実施の状況を公表しなければならない。

第2章　基本的施策

（子どもの貧困対策に関する大綱）

第8条　政府は、子どもの貧困対策を総合的に推進するため、子どもの貧困対策に関する大綱（以下「大綱」という。）を定めなければならない。

2　大綱は、次に掲げる事項について定めるものとする。

一　子どもの貧困対策に関する基本的な方針

二　子どもの貧困率、生活保護世帯に属する子どもの高等学校等進学率等子どもの貧困に関する指標及び当該指標の改善に向けた施策

三　教育の支援、生活の支援、保護者に対する就労の支援、経済的支援その他の子どもの貧困対策に関する事項

四　子どもの貧困に関する調査及び研究に関する事項

3　内閣総理大臣は、大綱の案につき閣議の決定を求めなければならない。

4　内閣総理大臣は、前項の規定による閣議の決定があったときは、遅滞なく、大綱を公表しなければならない。

5　前2項の規定は、大綱の変更について準用する。

6　第2項第2号の「子どもの貧困率」及び「生活保護世帯に属する子どもの高等学校等進学率」の定義は、政令で定める。

（都道府県子どもの貧困対策計画）

第9条　都道府県は、大綱を勘案して、当該都道府県における子どもの貧困対策についての計画（次項において「計画」という。）を定めるよう努めるものとする。

2　都道府県は、計画を定め、又は変更したときは、遅滞なく、これを公表しなければならない。

（教育の支援）

第10条　国及び地方公共団体は、就学の援助、学資の援助、学習の支援その他の貧困の状況にある子どもの教育に関する支援のために必要な施策を講ずるものとする。

（生活の支援）

第11条　国及び地方公共団体は、貧困の状況にある子ども及びその保護者に対する生活に関する相談、貧困の状況にある子どもに対する社会との交流の機会の提供その他の貧困の状況にある子どもの生活に関する支援のために必要な施策を講ずるものとする。

（保護者に対する就労の支援）

第12条　国及び地方公共団体は、貧困の状況にある子どもの保護者に対する職業訓練の実施及び就職のあっせんその他の貧困の状況にある子どもの保護者の自立を図るための就労の支援に関し必要な施策を講ずるものとする。

（経済的支援）

第13条　国及び地方公共団体は、各種の手当等の支給、貸付金の貸付けその他の貧困の状況にある子どもに対する経済的支援のために必要な施策を講ずるものとする。

（調査研究）
第14条　国及び地方公共団体は、子どもの貧困対策を適正に策定し、及び実施するため、子どもの貧困に関する調査及び研究その他の必要な施策を講ずるものとする。

第3章　子どもの貧困対策会議

（設置及び所掌事務等）
第15条　内閣府に、特別の機関として、子どもの貧困対策会議（以下「会議」という。）を置く。
2　会議は、次に掲げる事務をつかさどる。
一　大綱の案を作成すること。
二　前号に掲げるもののほか、子どもの貧困対策に関する重要事項について審議し、及び子どもの貧困対策の実施を推進すること。
3　文部科学大臣は、会議が前項の規定により大綱の案を作成するに当たり、第8条第2項各号に掲げる事項のうち文部科学省の所掌に属するものに関する部分の素案を作成し、会議に提出しなければならない。
4　厚生労働大臣は、会議が第2項の規定により大綱の案を作成するに当たり、第8条第2項各号に掲げる事項のうち厚生労働省の所掌に属するものに関する部分の素案を作成し、会議に提出しなければならない。
5　内閣総理大臣は、会議が第2項の規定により大綱の案を作成するに当たり、関係行政機関の長の協力を得て、第8条第2項各号に掲げる事項のうち前2項に規定するもの以外のものに関する部分の素案を作成し、会議に提出しなければならない。

（組織等）
第16条　会議は、会長及び委員をもって組織する。
2　会長は、内閣総理大臣をもって充てる。
3　委員は、会長以外の国務大臣のうちから、内閣総理大臣が指定する者をもって充てる。
4　会議の庶務は、内閣府において文部科学省、厚生労働省その他の関係行政機関の協力を得て処理する。
5　前各項に定めるもののほか、会議の組織及び運営に関し必要な事項は、政令で定める。

附　則　抄
（施行期日）
第1条　この法律は、公布の日から起算して1年を超えない範囲内において政令で定める日から施行する。
（検討）
第2条　政府は、この法律の施行後5年を経過した場合において、この法律の施行の状況を勘案し、必要があると認めるときは、この法律の規定について検討を加え、その結果に基づいて必要な措置を講ずるものとする。

考えよう！

「子どもの貧困対策の推進に関する法律」は、2013（平成25）年6月に衆参両院の全会一致で成立しました。このことは、「子どもの貧困をなくしたい」という国民の願いの大きさと、子どもの貧困がとても深刻だったことを表しています。この法律ができたことで、貧困の状態にある子どもを支援する取り組みは盛んになりました。しかし、政府の責任を明確にすることや、貧困対策に必要な予算を確保することなど、この法律をより良いものにすべきだという意見もあります。

子供の貧困対策に関する大綱（抜粋）

〜全ての子供たちが夢と希望を持って成長していける社会の実現を目指して〜

平成26年8月29日閣議決定
子どもの貧困対策の推進に関する法律（平成25年法律第64号）第8条の規定に基づき、子供の貧困対策に関する大綱を別紙のとおり定める。

本大綱では、法律名等を除き、法令上の表記に関わらず、常用漢字表（平成22年内閣告示第2号）による表記を用いているが、法令上の用語と意味を異にするものではない。

第1　はじめに

（「子どもの貧困対策の推進に関する法律」の制定）

明日の日本を支えていくのは今を生きる子供たちである。その子供たちが自分の可能性を信じて前向きに挑戦することにより、未来を切り拓いていけるようにすることが必要である。しかしながら現実には、子供たちの将来がその生まれ育った家庭の事情等に左右されてしまう場合が少なくない。

政府の調査によれば、我が国の子供の貧困の状況が先進国の中でも厳しく[1]、また、生活保護世帯の子供の高等学校等進学率も全体と比較して低い水準になっている[2]。

子供たちの将来と我が国の未来をより一層輝かしいものとするためには、子供たちの成育環境を整備するとともに、教育を受ける機会の均等を図り、生活の支援、保護者への就労支援などとあわせて、子供の貧困対策を総合的に推進することが何よりも重要である。いわゆる貧困の連鎖によって、子供たちの将来が閉ざされることは決してあってはならない。

このような事情等を背景に、昨年（平成25年）6月に議員提出による「子どもの貧困対策の推進に関する法律」（以下「法律」という。）が国会の全会一致で成立し、本年（平成26年）1月に施行された。

（子供の貧困対策の意義と大綱の策定）

日本の将来を担う子供たちは国の一番の宝である。貧困は、子供たちの生活や成長に様々な影響を及ぼすが、その責任は子供たちにはない。

子供の将来がその生まれ育った環境によって左右されることの

ないよう、また、貧困が世代を超えて連鎖することのないよう、必要な環境整備と教育の機会均等を図る子供の貧困対策は極めて重要である。

そうした子供の貧困対策の意義を踏まえ、全ての子供たちが夢と希望を持って成長していける社会の実現を目指し、子供の貧困対策を総合的に推進するため、政府として、ここに「子供の貧困対策に関する大綱」を策定する。

1　子供の貧困率16.3%（2012年厚生労働省データ）（2010年OECD加盟34カ国中25位）（OECD〔2014〕データ　※日本の数値は2009年15.7%）
2　生活保護世帯の子供の高等学校等進学率90.8%（全体98.6%）（2013年厚生労働省／文部科学省データ）

第2　子供の貧困対策に関する基本的な方針

1　貧困の世代間連鎖の解消と積極的な人材育成を目指す。

子供の貧困対策は、法律の目的規定（第1条）にもあるとおり、貧困の世代間連鎖を断ち切ることを目指すものであるが、それとともに、我が国の将来を支える積極的な人材育成策として取り組むということが重要である。

国民一人一人が輝きを持ってそれぞれの人生を送っていけるようにするとともに、一人一人の活躍によって活力ある日本社会を創造していく、という両面の要請に応えるものとして子供の貧困対策を推進する。

2　第一に子供に視点を置いて、切れ目のない施策の実施等に配慮する。

子供の貧困対策は、基本として、一般的な子供関連施策をベースとするものであり、子供の成育環境や保育・教育条件の整備、改善充実を図ることが不可欠である。

子供の貧困対策を進めるに当たっては、第一に子供に視点を置いて、その生活や成長を権利として保障する観点から、成長段階に即して切れ目なく必要な施策が実施されるよう配慮する。

児童養護施設等に入所している子供や生活保護世帯の子供、ひとり親家庭の子供など、支援を要する緊急度の高い子供に対して優先的に施策を講じるよう配慮する必要がある。

また、大規模災害による遺児・孤児など被災した子供について、

子供の貧困対策の観点からも適切な支援が行われるよう配慮する。

さらに、施策の実施に当たっては、対象となる子供に対する差別や偏見を助長することのないよう十分留意する。

3 子供の貧困の実態を踏まえて対策を推進する。

子供の養育について、家族・家庭の役割と責任を過度に重く見る考え方などの影響により、子供の貧困の実態は見えにくく、捉えづらいといわれている。子供の貧困対策に取り組むに当たっては、子供の貧困の実態を適切に把握した上で、そうした実態を踏まえて施策を推進していく必要がある。

我が国における従来の調査研究の取組状況を見た場合、子供の貧困の実態が明らかになっているとはいい難い点が認められる。このため、実態把握のための調査研究に取り組み、その成果を対策に生かしていくよう努める。

4 子供の貧困に関する指標を設定し、その改善に向けて取り組む。

子供の貧困対策を進めるに当たっては、本大綱において子供の貧困に関する指標を設定して、その改善に向けて取り組むこととしている。

指標の動向を確認し、これに基づいて施策の実施状況や対策の効果等を検証・評価するとともに、必要に応じて対策等の見直しや改善に努める。

5 教育の支援では、「学校」を子供の貧困対策のプラットフォームと位置付けて総合的に対策を推進するとともに、教育費負担の軽減を図る。

家庭の経済状況にかかわらず、学ぶ意欲と能力のある全ての子供が質の高い教育を受け、能力・可能性を最大限伸ばしてそれぞれの夢に挑戦できるようにすることが、一人一人の豊かな人生の実現に加え、今後の我が国の成長・発展にもつながるものである。

教育の支援においては、学校を子供の貧困対策のプラットフォームと位置付け、①学校教育による学力保障、②学校を窓口とした福祉関連機関との連携、③経済的支援を通じて、学校から子供を福祉的支援につなげ、総合的に対策を推進するとともに、教育の機会均等を保障するため、教育費負担の軽減を図る。

6 生活の支援では、貧困の状況が社会的孤立を深刻化させることのないよう配慮して対策を推進する。

貧困の状況にある子供については、これに伴って様々な不利を背負うばかりでなく、社会的に孤立して必要な支援が受けられず、一層困難な状況に置かれてしまうことが指摘されている。

このような社会的孤立に陥ることのないよう、生活の支援において、相談事業の充実を図ることなどにより、子供及びその保護者の対人関係の持ち方や社会参加の機会等にも配慮して対策に取り組む。

また、生活保護法や生活困窮者自立支援法等の関連法制を一体的に捉えて施策を推進する。

7 保護者の就労支援では、家庭で家族が接する時間を確保することや、保護者が働く姿を子供に示すことなどの教育的な意義にも配慮する。

保護者の就労支援は、労働によって一定の収入を得て、生活の安定を図る上で重要であることはいうまでもない。

収入面のみならず、家庭で家族がゆとりを持って接する時間を確保することや、親等の保護者が働く姿を子供に示すことによって、子供が労働の価値や意味を学ぶことなど、貧困の連鎖を防止する上で大きな教育的意義が認められることからも、保護者の就労支援の充実を図る必要がある。

8 経済的支援に関する施策は、世帯の生活を下支えするものとして位置付けて確保する。

子供の貧困対策を進めるに当たっては、生活保護や各種手当など、金銭の給付や貸与、現物給付（サービス）等を組み合わせた形で世帯の生活の基礎を下支えしていく必要があり、経済的支援に関する施策については子供の貧困対策の重要な条件として、確保していく必要がある。

9 官公民の連携等によって子供の貧困対策を国民運動として展開する。

子供の貧困対策を進めるに当たっては、国、地方公共団体、民間の企業・団体等が連携・協働して取り組むとともに、積極的な広報・啓発活動等によって国民の幅広い理解と協力を得ることにより、国民運動として展開していく必要がある。

10 当面今後5年間の重点施策を掲げ、中長期的な課題も視野に入れて継続的に取り組む。

法律では、施行後5年を経過した時に、施行状況を勘案して必要がある場合には、法律の規定について検討を加え、その結果に基づいて必要な措置を講ずるものとされている（附則第2条）。

このことを踏まえ、本大綱では、当面今後5年間において政府が取り組むべき重点施策を中心に掲げることとするが、必要なものについては、中長期的な課題についても視野に入れて継続的に取り組むこととする。

（以下略）

さくいん

監修　**中嶋哲彦**（なかじま　てつひこ）
名古屋大学大学院教育発達科学研究科教授、名古屋大学教育学部附属中学校・高等学校校長。1955年名古屋市生まれ。1979年名古屋大学法学部卒業。1986年名古屋大学大学院教育学研究科博士後期課程単位等認定退学。博士（教育学）。久留米大学助教授を経て、現職。専門は教育学・教育行政学・教育法学。子どもの貧困問題の解決を目的に活動する「なくそう！ 子どもの貧困」全国ネットワーク世話人。

執筆　大西桃子（おおにし　ももこ）
1980年名古屋市生まれ。出版社を経て2012年よりフリーの編集者＆ライターになる。東京都中野区で学習費用の出せない中学生を対象にした無料塾「中野よもぎ塾」を主宰。

イラスト　すどうまさゆき

編集・デザイン　ジーグレイプ株式会社

撮影協力／写真提供　中野よもぎ塾
みんなの食堂
フィンランド大使館
特定非営利活動法人 マザーリンク・ジャパン
公益財団法人 日本ユニセフ協会
公益社団法人 日本ユネスコ協会連盟
陸前高田市
JTBフォト

資料協力　阿部 彩（首都大学東京）
沖縄県教育庁

考えよう！ 子どもの貧困
なぜ生じる？　なくす方法は？

2017年9月26日　第1版第1刷発行
2020年3月3日　第1版第2刷発行

監修者　中嶋哲彦
発行者　後藤淳一
発行所　株式会社PHP研究所
　　　　東京本部　〒135-8137　江東区豊洲5-6-52
　　　　　児童書出版部　☎03-3520-9635（編集）
　　　　　普及部　☎03-3520-9630（販売）
　　　　京都本部　〒601-8411　京都市南区西九条北ノ内町11
　　　　PHP INTERFACE　https://www.php.co.jp/
印刷所
製本所　図書印刷株式会社